# ALPHABET

DU

# JEU DES ÉCHECS

COMPRENANT

LE RÈGLEMENT DU JEU, LA MARCHE DES PIÈCES
LE DICTIONNAIRE DES MOTS TECHNIQUES,
DES MAXIMES ET CONSEILS POUR BIEN JOUER
LA MÉTHODE POUR LIRE ET ÉCRIRE LES COUPS ET LES NOMS
DES PIÈCES ET DES PIONS EN LANGUES ÉTRANGÈRES

OU

## LIVRE POUR APPRENDRE SEUL LA MARCHE DES PIÈCES

## Par C. SANSON

**PARIS**

CHEZ L'AUTEUR, ÉDITEUR
7, RUE DE PONTOISE, 7

| **LONDRES** | **SAINT-PÉTERSBOURG** |
|---|---|
| CHEZ M. LONGMANS | CHEZ M. WOLF |
| LIBRAIRE | LIBRAIRE |

**NEW-YORK**
CHEZ M. APPLETON, LIBRAIRE

1871.

# ALPHABET

DU

# JEU DES ÉCHECS

# ALPHABET

## DU

# JEU DES ÉCHECS

COMPRENANT

LE RÈGLEMENT DU JEU, LA MARCHE DES PIÈCES
LE DICTIONNAIRE DES MOTS TECHNIQUES
DES MAXIMES ET CONSEILS POUR BIEN JOUER
LA MÉTHODE POUR APPRENDRE A LIRE ET A ÉCRIRE
LES COUPS ET LES NOMS DES PIÈCES EN LANGUES
ÉTRANGÈRES

OU

**LIVRE POUR APPRENDRE SEUL LA MARCHE DES PIÈCES**

## Par C. SANSON

## PARIS

### CHEZ L'AUTEUR-ÉDITEUR

7, RUE DE PONTOISE, 7

| LONDON | SAINT-PÉTERSBOURG |
|---|---|
| CHEZ M. LONGMANS | CHEZ M. WOLF |

**NEW-YORK**

CHEZ M. APPLETON, LIBRAIRE

—

1871

# LIVRE I

## INTRODUCTION

---

## RÈGLEMENT DU JEU DES ÉCHECS

### ARTICLE PREMIER.

Les joueurs doivent avoir à leur droite la case angulaire blanche de l'Échiquier. Si l'Échiquier est mal posé, celui des deux qui s'en apercevra, avant de jouer son quatrième coup, pourra exiger qu'on recommence la partie; mais, ce quatrième coup joué de part et d'autre, la partie sera engagée et ne pourra être recommencée.

### ARTICLE 2.

Si les Pièces sont mal rangées, celui qui s'en apercevra pourra rectifier ou faire rectifier cette irrégularité avant de jouer son quatrième coup; mais ce quatrième coup, une fois joué de part et d'autre, il faudra continuer la partie dans la position où se trouveront les Pièces.

### ARTICLE 3.

Si l'on a commencé une partie à but avec une Pièce ou un Pion de moins, le quatrième coup, étant joué de part et d'autre, on sera obligé de finir la partie sans pouvoir reprendre la Pièce ou le Pion oublié.

### ARTICLE 4.

Si l'on est convenu de faire des avantages d'un Pion ou d'une Pièce, celui qui aura oublié de le faire ne sera pas admis, dans le courant de la partie, à rendre ce Pion ou cette Pièce ; on continuera la partie dans l'état où elle sera, et celui qui devait recevoir avantage ne pourra perdre la partie ; le pis aller pour lui sera qu'elle soit remise.

### ARTICLE 5.

Dans les parties à but, le trait se tire d'abord au sor et devient ensuite alternatif, quand même les parties seraient remises. Le trait appartient à celui qui fait avantage d'une Pièce.

### ARTICLE 6.

En cas de difficulté sur la couleur, que la partie se fasse à but ou à avantage, le choix de la couleur sera tiré au sort pour toute la séance.

### ARTICLE 7.

Lorsqu'on fait avantage du Pion, on doit donner celui du Fou du Roi. Celui qui reçoit avantage de plusieurs traits ne peut en user qu'à la condition de ne pas dépasser son terrain, c'est-à-dire la moitié de l'Échiquier.

### ARTICLE 8.

Quand on a touché une Pièce, on est obligé de la jouer, à moins qu'on n'ait dit : *J'adoube !* en la touchant. Si une Pièce vient à se déranger sur l'Échiquier, on pourra la relever sans être obligé de la jouer, pourvu qu'on ait dit : *J'adoube !*

### ARTICLE 9.

Quand on a quitté sa Pièce, on ne peut plus la reprendre pour jouer ailleurs ; mais, tant qu'elle n'est pas abandonnée, on est maître de la poser où l'on veut.

### ARTICLE 10.

Quand on a touché une Pièce de son adversaire sans dire : *J'adoube !* il peut vous obliger de la prendre. Si cette Pièce ne peut être prise, celui qui l'a touchée jouera son Roi, pouvant le faire, et, s'il ne le peut, la faute sera sans conséquence.

### ARTICLE 11.

Si l'on joue, par méprise, la Pièce de son adversaire pour la sienne, il a le choix de vous obliger à la prendre, si elle est prenable, ou de la faire remettre à sa place, ou de la laisser où vous l'aurez mise.

### ARTICLE 12.

Si l'on prend la Pièce de son adversaire avec une Pièce qui ne puisse pas la prendre, on est obligé de la prendre avec une autre Pièce, si cela se peut, ou de jouer la Pièce touchée, au choix de l'adversaire.

### ARTICLE 13.

Si vous prenez votre propre Pièce avec une des vôtres, l'adversaire aura le choix de vous faire jouer celle des deux Pièces touchées qu'il jugera à propos.

### ARTICLE 14.

Si l'on fait une fausse marche, l'adversaire a le choix, ou de vous faire laisser la Pièce à la case où vous l'avez mise, ou de vous la faire jouer ailleurs, ou de la faire replacer en vous obligeant à jouer le Roi.

### ARTICLE 15.

Si l'on joue deux coups de suite, l'adversaire a le choix, avant de jouer son coup, ou de laisser passer les deux coups joués, ou de vous faire remettre le second.

### ARTICLE 16.

Si l'on pousse un Pion deux pas en passant devant un Pion de l'adversaire, il sera le maître de le prendre.

### ARTICLE 17.

Le Roi ne peut Roquer quand il a été joué, ou quand il passe sous un échec, ou quand la Tour a été jouée, ou quand il est en échec; et si, dans un de ces quatre cas,

on touche le Roi et la Tour pour roquer, l'adversaire
a le choix de faire jouer le Roi ou la Tour.

Celui qui fait avantage d'une Tour peut également
roquer du côté où manque cette Tour, en disant:
*Je Roque.*

### ARTICLE 18.

Si l'on touche une Pièce qu'on ne puisse pas jouer
sans mettre le Roi en échec, il faut jouer le Roi; et si
le Roi ne peut jouer sans être en échec, la faute sera
sans conséquence.

### ARTICLE 19.

Il faut avertir de l'échec au Roi; si celui dont le Roi
est en échec, n'ayant pas été averti, joue tout autre coup
que de défendre son Roi de l'échec, et que l'adversaire
veuille sur le coup prendre ou attaquer une Pièce en
disant : *Echec au Roi!* alors celui dont le Roi était en
échec rejouera son coup pour couvrir l'échec ou s'en
défendre.

### ARTICLE 20.

Si le Roi est en échec depuis plusieurs coups, sans
qu'on s'en soit aperçu, et qu'il ne soit pas possible de
vérifier si on lui a donné échec, ou s'il s'est mis en
échec lui-même, celui dont le Roi est en échec peut, au
moment qu'il s'en aperçoit ou qu'il en est averti, remettre la dernière Pièce qu'il a jouée à sa place et défendre
l'échec.

### ARTICLE 21.

Si l'adversaire vous déclare échec au Roi, sans néanmoins vous donner échec, dans ce cas, si vous touchez
le Roi ou toute autre Pièce pour défendre l'échec, et
que vous vous aperceviez que votre Roi n'est pas en
échec avant que l'adversaire ait joué son coup, vous
pourrez rejouer le vôtre.

### ARTICLE 22.

Mais vous ne serez plus à même d'y revenir, si l'adversaire a joué son coup. En général, toute irrégularité sera couverte du moment que vous aurez joué ou touché une Pièce pour jouer le coup suivant.

### ARTICLE 23.

Quand on mène un Pion à Dame, on prend pour ce Pion une seconde Dame, un troisième Cavalier, ou telle Pièce qu'on juge la plus utile pour le gain de la partie.

### ARTICLE 24.

Si le Roi est *Pat*, ce qui arrive lorsqu'il ne peut bouger de la case où il est qu'il ne soit en échec, et qu'il n'a ni Pion, ni Pièce à jouer ailleurs ; dans ce cas, la partie sera remise.

### ARTICLE 25.

Lorsqu'un joueur ne paraît pas pouvoir faire les mats difficiles, tels que celui du Cavalier et du Fou contre le Roi, celui de la Tour et du Fou contre la Tour, celui de la Dame contre la Tour ; sur la réquisition de l'adversaire ; on fixera à soixante coups, de chaque côté, la fin de la partie ; lesquels coups passés, elle sera censée remise.

### ARTICLE 26.

Tout coup contesté doit être décidé suivant le règlement ci-dessus ; si la décision d'un coup dépend d'un fait, il doit être jugé par les spectateurs, auxquels les joueurs seront tenus de s'en rapporter.

# SECTION I

## MÉCANISME DU JEU

—

### L'ÉCHIQUIER

Noirs.

Blancs.

L'Échiquier est une *table* ou *tablette* carrée divisée en
*soixante-quatre* cases, alternativement blanches e
noires.

Le Diagramme ci-dessus représente l'Échiquier.

#### DIVISION DE L'ÉCHIQUIER.

L'Échiquier se divise en *huit séries* de *cases* allant d'un
*joueur* à *l'autre* et de *droite* à *gauche*.

Les huit séries de cases allant d'un joueur à l'autre
se nomment les COLONNES DE L'ÉCHIQUIER

Les huit séries de cases allant de droite à gauche de chaque joueur se nomment les RANGS DE L'ÉCHIQUIER.

Les huit séries de cases obliques de longueur *inégale*, soit *blanches*, soit *noires*, se nomment les DIAGONALES DE L'ÉCHIQUIER.

## NOMS DES COLONNES

Chaque *colonne* porte le *nom* de la Pièce qui occupe la *première case* au début de la partie. Nous les nommerons ainsi : colonne du Roi, colonne du Fou du Roi, colonne du Cavalier du Roi, colonne de la Tour du Roi, colonne de la Dame, colonne du Fou de la Dame, colonne du Cavalier de la Dame, colonne de la Tour de la Dame.

Les *Diagonales* et les *Rangs* n'ont pas de *nom*.

## POSITION DES PIÈCES

Tableau synoptique de la notation française.

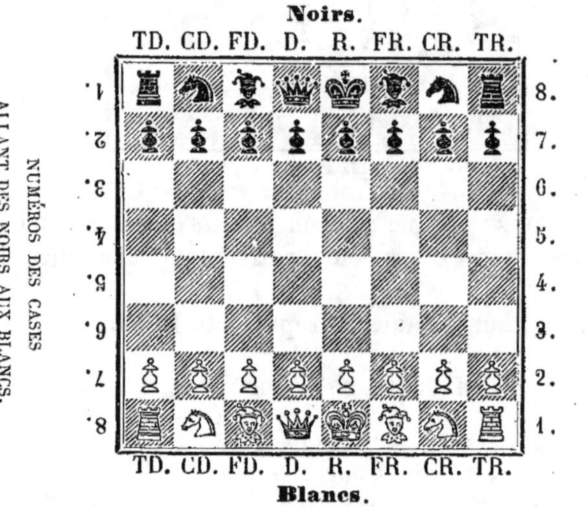

Le DIAGRAMME représente l'Échiquier et les Pièces telles qu'elles doivent être placées au *début* de la *partie*.

## TABLEAU DES PIÈCES ET DES PIONS

### Blancs.

Roi ou R.    Dame ou D.    Tour ou T.

Fou ou F.    Cavalier ou C.    Pion ou P.

### Noirs.

Roi ou.R.    Dame ou D.    Tour ou T.

Fou ou F.    Cavalier ou C.    Pion ou P.

## NOMBRE DES PIÈCES ET DES PIONS

Les PIÈCES avec lesquelles on joue aux Échecs sont au nombre de *trente-deux*, ainsi divisées : *huit Pièces* noires et *huit Pions* ; *huit Pièces* blanches et *huit Pions*.

## NOMS DES PIÈCES

Le jeu des Échecs a *deux* Pièces principales, qui sont

### LE ROI ET LA DAME.

Chacune de ces *deux pièces* a pour sa défense *trois* autres *pièces* qui portent les *noms* suivants :

### DU CÔTÉ DU ROI.

Fou du Roi, Cavalier du Roi, Tour du Roi ; et par abréviation :

### FR., CR., TR.

### DU CÔTÉ DE LA DAME.

Fou de la Dame, Cavalier de la Dame, Tour de la Dame ; et par abréviation :

### FD., CD., TD.

## NOMS DES PIONS

Les Pions prennent le *nom* des *Pièces* qui se trouvent derrière eux :

DU CÔTÉ DU ROI.

Pion du Roi, Pion du Fou du Roi, Pion du Cavalier du Roi, Pion de la Tour du Roi, et par abréviation :

PR., PFR., PCR., PTR.

DU CÔTÉ DE LA DAME.

Pion de la Dame, Pion du Fou de la Dame, Pion du Cavalier de la Dame, Pion de la Tour de la Dame, et par abréviation :

PD., PFD., PCD., PTD.

## NOMS DES CASES

Les Cases prennent le *nom* des *Pièces* qui les occupent au début de la partie et le conservent dans .toute la *colonne.* Nous dirons : Case du Roi, Case du Fou du Roi, Case du Cavalier du Roi, Case de la Tour du Roi, Case de la Dame, Case du Fou de la Dame, Case du Cavalier de la Dame, Case de la Tour de la Dame.

## NUMÉRATION DES CASES

Chaque *Case* porte *un chiffre* d'ordre de 1 à 8.

Les *Cases* où sont placées les Pièces portent le chiffre 1.

Les *Cases* où sont placés les Pions portent le chiffre 2.

Ainsi vous comptez en montant les *colonnes* ou le *rangs,* jusqu'à ce que vous arriviez aux Cases où son placées les *Pièces* de l'adversaire.

Chaque *joueur* compte ses Cases en partant de son côté.

## PLACEMENT DES PIÈCES ET DES PIONS

Vous placez de chaque côté de l'Échiquier :
1° Les Tours;
2° Les Cavaliers;
3° Les Fous.
4° Les Pions se placent sur le second rang devant les Pièces.

### RÈGLE GÉNÉRALE.

1° La Dame noire se place toujours sur la *Case noire;*
2° La Dame blanche se place toujours sur la *Case blanche.*
Les Rois se placent sur les *Cases* qui restent libres.

# SECTION II

## DE LA MARCHE DES PIÈCES ET DES PIONS

—

### LE ROI

Noirs.

Blancs.

#### MARCHE DU ROI.

Le Roi marche en *colonne*, en *rang* et en *diagonale*.

Le Roi, dans sa marche, ne peut *parcourir* qu'*une Case* à la fois, à moins qu'il ne *Roque*.

#### PUISSANCE DU ROI.

Le Roi, une fois sorti de sa *Case*, attaque ou défend *huit Cases* à la fois.

Dans le Diagramme ci-dessus, le Roi attaque à la fois les *huit Pions* noirs qui l'entourent.

## LA DAME

### MARCHE DE LA DAME.

La **Dame** marche en *colonne*, en *rang* et en *diagonale*.

La Dame, dans sa marche, doit *toujours suivre* une *ligne* droite.

### PUISSANCE DE LA DAME.

La **Dame** sortie de sa *Case* attaque ou défend *huit* *Cases* à la fois. Cette *puissance* s'étend jusqu'à l'extrémité de l'Échiquier.

La Dame placée au milieu de l'*Échiquier* commande *vingt-sept* Cases, sans compter celle sur laquelle elle est placée.

## LE FOU

**Noirs.**

**Blancs.**

### MARCHE DU FOU.

Le Fou ne marche que *diagonalement* dans toute l'étendue de l'échiquier en avant et en arrière.

Les Fous qui sont placés au début de la partie sur les *Cases blanches* ne doivent jamais aller sur les *Cases noires*, et *vice versâ*.

Chaque joueur a deux Fous; un sur la *Case blanche* et un autre sur la *Case noire*, et que nous désignons toujours par le nom de *Fou* du *Roi* et *Fou* de la *Dame*.

### PUISSANCE DU FOU.

Le Fou placé au centre de l'Échiquier commande *treize* Cases, outre celle où il se trouve.

## LE CAVALIER

**Noirs.**

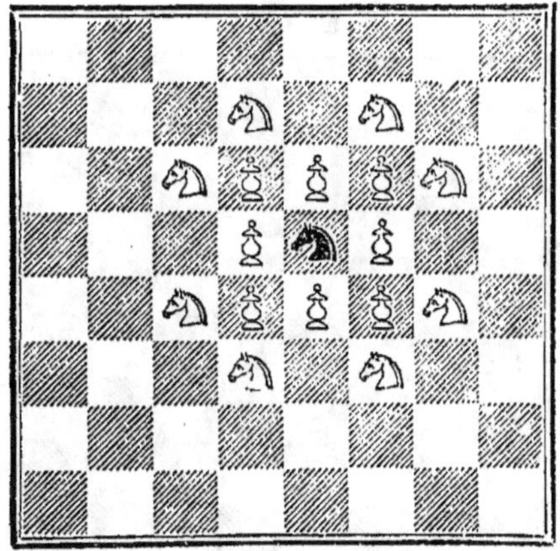

**Blancs.**

### MARCHE DU CAVALIER.

Le CAVALIER marche en *sautant* par-dessus les autres *Pièces* ou *Pions* dans une direction oblique d'une *Case blanche* à une *Case noire*, et *vice versâ*, mais de façon qu'il ne reste qu'une *Case d'intervalle* entre celle qu'il occupe et celle qu'il va *occuper*.

Dans le Diagramme ci-dessus nous avons un *Cavalier noir* placé sur une *Case noire;* dans sa *marche*, il ne peut *aller* que sur les *Cases blanches* qui sont occupées par les *Cavaliers blancs*.

Les *huit Pions blancs* qui entourent sa *Case* indiquent les *huit Cases d'intervalle* que le Cavalier *doit toujours sauter*.

### PUISSANCE DU CAVALIER.

Le CAVALIER placé au *centre* de l'Échiquier commande *huit Cases;* c'est ce qu'on appelle la *rosace* du Cavalier.

## LA TOUR

### MARCHE DE LA TOUR.

La Tour marche en *colonne* et en *rang* dans toute l'é-
tendue de l'Échiquier.

### PUISSANCE DE LA TOUR.

La Tour est la Pièce la plus puissante après la Dame.
Placée au centre de l'Échiquier, elle commande *qua-
torze Cases*, sans compter celle qu'elle *occupe*.

## LE PION

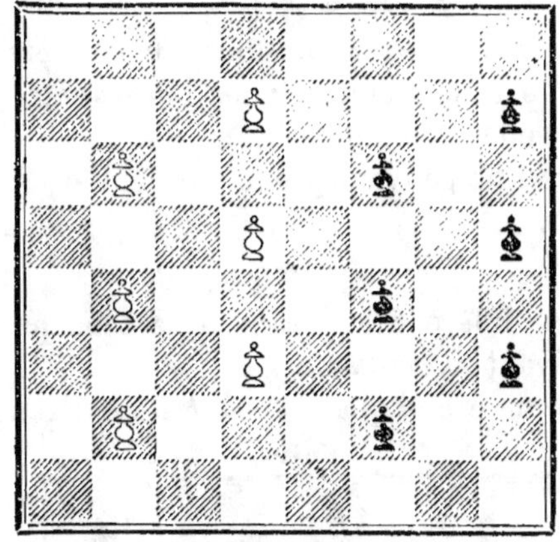


### MARCHE DU PION.

Le Pion ne marche qu'en *colonne* et ne peut parcourir qu'*une case* à la fois.

Le Pion ne peut sauter *deux Cases* en une fois que quand il *sort* de la *Case* qu'il occupe au début de la partie pour aller à la *quatrième Case* de sa colonne.

Toutes les fois que le Pion rencontre sur sa *colonne* un autre *Pion* ou une *Pièce*, il ne peut plus avancer, à moins que ce Pion ou cette Pièce ne sorte de sa *colonne*.

### PUISSANCE DU PION.

Le Pion, parvenu à la huitième *Case* de sa *colonne*, a le droit de se *changer* en une des Pièces que le *joueur* croira lui *être* nécessaire.

La conduite des *Pions* exige une grande attention et exerce la plus grande *influence* sur le résultat de la utte.

Disons comme notre grand maître Philidor :

*Les Pions sont l'âme du jeu.*

### DE LA PRISE DES PIÈCES.

Lorsque vous prenez une Pièce de l'adversaire, vous l'enlevez de l'Échiquier et vous placez votre Pièce sur la Case qu'elle occupait.

Les *Pièces* ne peuvent prendre que dans leur *marche* respective.

### DE LA PRISE DU PION.

Le *Pion* diffère des *Pièces* en ce sens qu'il ne *prend jamais* suivant sa *marche*.

Le Pion ne prend que *diagonalement*. Exemple :

**Noirs.**

**Blancs.**

Le *Pion blanc* placé à la troisième Case de la Dame peut *prendre* le *Pion noir* ou le *Fou noir* qui sont tous les *deux* sur sa diagonale.

Le *Pion blanc* placé à la deuxième Case du Cavalier du Roi ne *peut* ni *avancer* ni *prendre* le *Pion noir* qui se trouve sur sa *colonne*.

# DICTIONNAIRE DES MOTS TECHNIQUES

—

## J'ADOUBE

Lorsqu'on touche une Pièce pour l'ajuster sur l'Échiquier sans avoir l'intention de la jouer, on doit dire le mot : *J'adoube.*

## COUVRIR

C'est protéger une Pièce et plus particulièrement le Roi, contre l'attaque d'une *Pièce* de l'adversaire, en *interposant* une autre *Pièce* ou un *Pion*. Exemple :

**Noirs.**

**Blancs.**

Le Roi noir qui reçoit l'*échec* de la Dame blanche a pour *couvrir* cet échec le Fou, la Tour ou le Cavalier.

## ÉCHANGE

On dit qu'on a *gagné l'échange*, lorsque l'on a pris une *Pièce* à l'adversaire pour une autre de moindre valeur. Exemple :

Si vous prenez une *Tour* et que vous donniez un *Fou*, vous avez gagné *l'échange*.

## ÉCHEC

**Noirs.**

**Blancs.**

L'Échec a lieu toutes les fois qu'une Pièce attaque directement le Roi. Exemple :

Ici le Roi noir reçoit l'échec de la Dame, de la Tour, du Cavalier, du Fou et du Pion.

## ÉCHEC DOUBLE

L'Échec double a lieu toutes les fois que deux Pièces attaquent à la fois le Roi ; ce qui ne peut s'effectuer que par l'échec à la découverte. Exemple :

Le Cavalier allant à la 4ᵉ case de la Dame donne un échec, et la Tour qui était masquée le donne aussi.

## ÉCHEC PERPÉTUEL

**Noirs**.

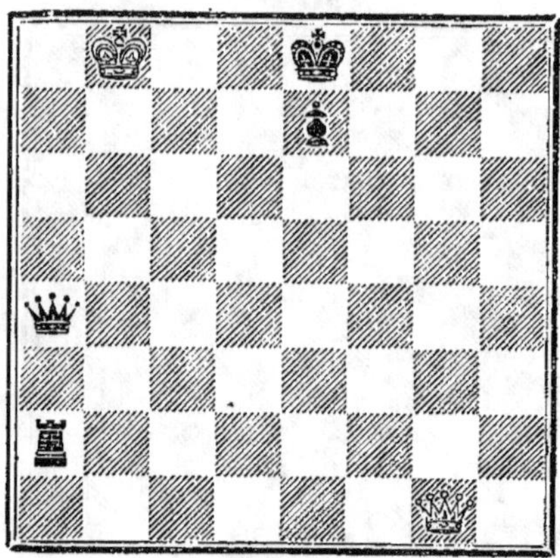

**Blancs.**

L'Échec perpétuel arrive lorsque le joueur donne un échec et que l'adversaire est placé de telle sorte qu'il ne peut le parer qu'en s'exposant à recevoir immédiatement un échec d'un autre côté, et ainsi successivement. Exemple :

La Dame blanche, portée à la 8ᵉ case du Cavalier du Roi, donne échec ; le Roi noir, ne pouvant aller qu'à la 2ᵉ case de la Dame, reçoit encore un autre échec de la Dame blanche, qui le force à revenir à sa première case ; ainsi les Blancs sont forcés à répéter l'échec perpétuel s'ils ne veulent pas recevoir le mat.

## ÉCHEC A LA DÉCOUVERTE

**Noirs.**

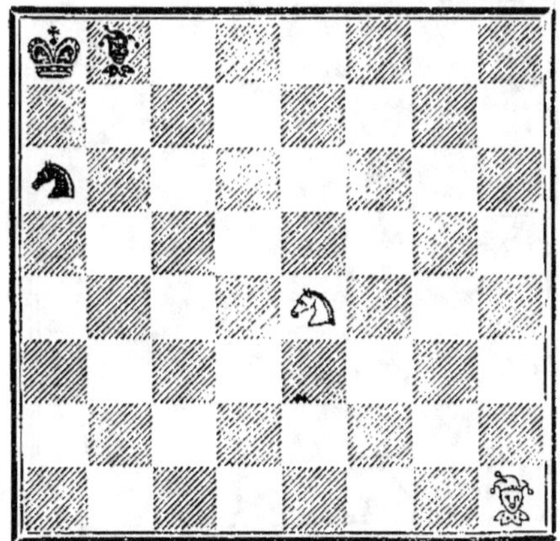

**Blancs.**

L'ÉCHEC A LA DÉCOUVERTE a lieu quand une *Pièce* est *masquée* par une autre, et qu'en déplaçant cette *dernière* la *Pièce démasquée* fait échec. Exemple :

Le *Cavalier blanc* qui masque la direction du *Fou* joue à la 6ᵉ case de la Dame en donnant *échec à la découverte*.

## ÉCHEC ET MAT

**Noirs.**

**Blancs.**

Le Roi est *mat* lorsqu'il ne peut se soustraire à l'é-
chec qu'il a reçu, soit par la prise de la *Pièce* ou du
*Pion* qui donne l'échec, soit en se couvrant, soit en
changeant de case.

On dit alors : *Échec et mat*, et la partie est finie.
Exemple :

La Dame blanche donne le *mat* à la 3ᵉ case de la
Dame, car aucune des Pièces noires ne peut le
couvrir ni prendre la Dame.

## MAT ÉTOUFFÉ

**Noirs.**

**Blancs.**

Le Mat étouffé ne peut se donner que par le *Cavalier*.

Il a lieu toutes les fois que le Roi se trouve *enfermé* par ses propres *Pièces* et qu'il ne peut se soustraire à l'*Échec du Cavalier*.

L'*Échec du Cavalier* ne peut jamais être *couvert*. Exemple :

Le *Cavalier blanc* donne le *Mat étouffé* en allant à la 7e case du Roi ou à la 6e case du Fou du Roi.

## PAT

Noirs.

Blancs.

Le Roi est *Pat* lorsqu'il se trouve dans une position telle qu'il n'est pas en échec, mais qu'il ne peut *bouger* sans s'y mettre, et que ses autres *Pièces* ou *Pions*, s'il en a, sont placés de manière à ne pouvoir être joués.

Le *Pat* constitue une partie nulle. Exemple :

La Dame blanche donne échec à la 5ᵉ case de la Dame ; le Roi noir la prend et fait *Pat* le Roi blanc.

## EN PRISE

Une pièce est *en prise* lorsqu'elle est dans une position telle qu'elle peut être capturée par l'ennemi.

## COLONNE OUVERTE

Une *colonne ouverte* est une colonne sur laquelle il n'y a pas de *Pièces* ou de *Pions*.

## GAMBIT

Le mot *Gambit* est dérivé du mot italien *Gambetto*, qui signifie croc-en-jambe.

On donne ce nom à certains Débuts dans lesquels le premier joueur *sacrifie* un *Pion* pour obtenir une forte attaque.

## MATCH OU TOURNOI

Si vous convenez de faire contre tel joueur un certain nombre de parties, vous établissez un *Match*.

Si, dans un cercle, les amateurs font une série de parties entre eux, on établit un *Tournoi*.

## EN CONSULTATION

Si deux amateurs jouent contre deux autres, on fait une partie en *consultation*.

## PAR CORRESPONDANCE

Quand un cercle d'une ville joue avec un cercle d'une autre ville, ou qu'un joueur d'une localité joue contre un joueur d'une autre localité, on joue par *correspondance*.

## OPPOSITION

Les Rois sont en *opposition* lorsqu'ils se trouvent vis-à-vis l'un de l'autre, sur la même *colonne* ou sur la même diagonale, et qu'ils sont séparés par un nombre impair de cases.

Lorsque les Rois sont séparés par un nombre de cases pair, celui des deux joueurs qui a le trait avance son Roi d'un pas et *gagne l'opposition*.

## OUVERTURE OU DÉBUT

Les premiers coups joués de chaque côté constituent l'*Ouverture* ou le *Début*.

## PARTIE NULLE

La partie peut être *nulle* de plusieurs manières :

1° Par l'échec perpétuel ;

2° Par épuisement, quand il ne reste ni à l'un ni à l'autre des joueurs des forces suffisantes pour donner le mat ;

3° Lorsqu'un des joueurs ayant, à la fin de la partie, une force suffisante pour donner le mat, n'a pas su l'effectuer en *soixante* coups ;

4° Lorsque des deux côtés chaque joueur persiste à répéter le même coup sans vouloir en faire d'autre ;

5° Lorsqu'un des Rois est pat.

## PION PREND EN PASSANT

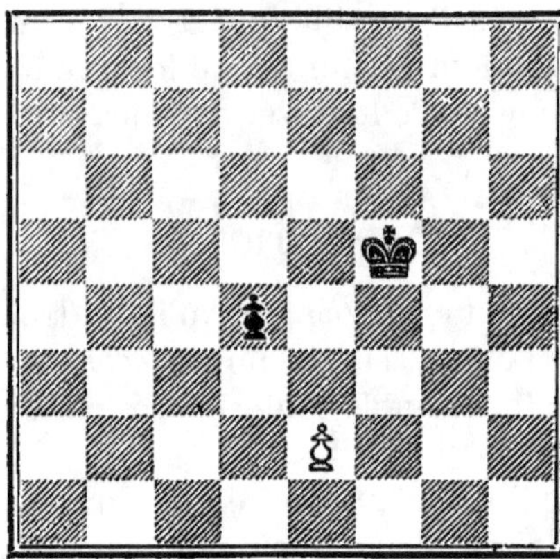

Toutes les fois qu'un Pion se trouve sur la 5e case d'une colonne, comme le *Pion noir* sur ce diagramme, et qu'un autre Pion qui ne sera pas sorti de sa case voudra aller à la 4e case de sa colonne, il sera *pris en passant*. Exemple :

Le *Pion blanc* allant à la 4e case du Roi donne échec au Roi; comme il passe devant le *Pion noir*, celui-ci peut le *prendre* ou *non*. S'il le prend, il devra se placer sur la 6e case du Roi.

Le Pion *pris en passant* ne peut plus avoir lieu si vous jouez un autre coup.

## PION DOUBLÉ

On nomme *Pion doublé* un Pion qui, par la *prise* d'un autre *Pion* ou d'une *Pièce*, vient se placer sur la colonne d'un Pion de sa couleur.

## PION PASSÉ

C'est un Pion qui n'a *devant lui*, sur sa propre *colonne*, ni sur l'une ou l'autre des *colonnes* qui l'avoisinent à droite et à gauche, aucun Pion adverse qui puisse l'arrêter.

## PION A DAME

Tout Pion parvenu à la *huitième* case de sa colonne a le droit de se changer en *Dame* ou en une autre Pièce, à la volonté du joueur.

## PIONS UNIS

On appelle ainsi deux ou plusieurs Pions placés sur des colonnes contiguës et à portée de se soutenir réciproquement. Un Pion qui n'est soutenu ni à droite ni à gauche par d'autres succombe facilement.

## COUP JUSTE — COUP FORCÉ

Le coup *juste* est le coup parfait.

On appelle coup *forcé* le seul mouvement que puisse faire un joueur.

## ROQUER

Le Roque s'effectue en déplaçant en même temps le Roi et la Tour de leur case primitive.

*Position des Pièces avant le Roque.*

Le Roi peut Roquer de deux manières avec la Tour du Roi ou avec la Tour de la Dame.

## ROQUE AVEC LA TOUR DU ROI

**Noirs.**

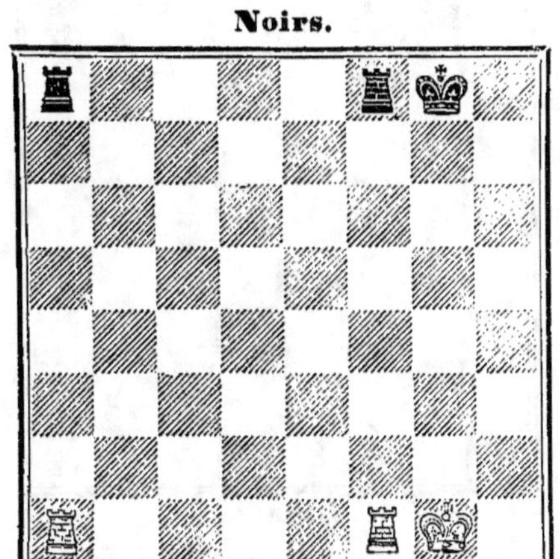

**Blancs.**

Vous Roquez avec la Tour du Roi en plaçant le
Roi à la case du Cavalier du Roi, et la Tour du Roi à
la case du Fou du Roi, comme le Diagramme vous
l'indique.

## ROQUE AVEC LA TOUR DE LA DAME

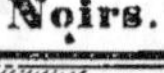


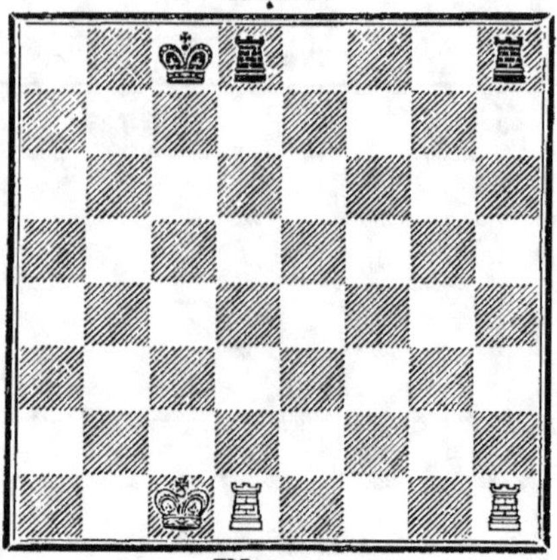


Vous Roquez avec la Tour de la Dame en plaçant le Roi sur la case du Fou de la Dame et la Tour de la Dame sur la case de la Dame.

### RÈGLE GÉNÉRALE

Le Roi Roque toutes les fois qu'il n'est pas encore sorti de sa case, que la Tour n'est pas non plus sortie de la sienne, que le Roi, en Roquant, ne passe pas sous l'*échec* d'une *Pièce*, et qu'au moment de Roquer il ne soit pas en échec.

### ABRÉVIATIONS DES MOTS

| | | |
|---|---|---|
| Éch., | signifie | Échec. |
| Éch. déc., | — | Échec à la découverte. |
| Éch. dble, | — | Échec double. |
| Roque TR., | — | Roque avec la Tour du Roi. |

Roque TD., signifie  Roque avec la Tour de la Dame.
Mieux,          —        Meilleure partie.
Pr.,            —        Prend.
Oblg.,          —        Obligé.
!               —        Coup juste.
?               —        Coup faible ou mauvais.

## DE LA LECTURE

1. P. 4. R.                | 1. P. 4. R.

Le chiffre qui est placé sur la première colonne indique les coups d'une partie.

La lettre qui vient après ce chiffre indique la Pièce ou le Pion qui doit jouer.

Le second chiffre indique la case où la Pièce doit être placée.

La dernière lettre indique le *nom* de la *case* où le chiffre se trouve placé, et par conséquent où vous devez mettre la *pièce* que vous jouez.

### Exemple.

Placez les Pièces sur l'Échiquier, jouez et lisez ainsi :

PARTIE.

BLANCS.                              NOIRS.

1. P. 4. R.                |

Lisez : Pion à la 4e case du Roi.

                           | 1. P. 4. R.

Lisez : Pion à la 4e case du Roi.

2. F. 4. FD.               |

Lisez : Fou à la 4e case du Fou de la Dame.

                           | 2. C. 3. FR.

Lisez : Cavalier à la 3e case du Fou du Roi

3. C. 3. FD.                |

Lisez : Cavalier à la 3ᵉ case du Fou de la Dame.

                        | 3. P. 4. CD.

Lisez : Pion à la 4ᵉ case du Cavalier de la Dame.

4. F. pr. PC.              |

        Lisez : Fou prend le Pion du Cavalier.

                        | 4. F. 4. FD.

Lisez : Fou à la 4ᵉ case du Fou de la Dame.

5. P. 3. D.                |

        Lisez : Pion à la 3ᵉ case de la Dame.

                        | 5. P. 3. FD.

Lisez : Pion à la 3ᵉ case du Fou de la Dame.

6. F. 4. FD.               |

        Lisez : Fou à la 4ᵉ case du Fou de la Dame.

                        | 6. D. 3. CD.

Lisez : Dame à la 3ᵉ case du Cavalier de la Dame.

7. D. 2. R.                |

        Lisez : Dame à la 2ᵉ case du Roi.

                        | 7. P. 4. D.

Lisez : Pion à la 4ᵉ case de la Dame.

8. P. pr. PD.              |

        Lisez : Pion prend Pion de la Dame.

                        | 8. Roque TR.!

Lisez : Roque avec la Tour du Roi. Meilleur.

9. C. 4. R.                |

        Lisez : Cavalier à la 4ᵉ case du Roi.

                        | 9. C. pr. CD.

Lisez : Cavalier prend Cavalier de la Dame.

10. P. pr. CR.               |

Lisez : Pion prend le Cavalier du Roi.

| 10. F. pr. PF. échec.

Lisez : Fou prend le Pion du Fou échec.

11  D. pr. FR. ·               |

Lisez : Dame prend le Fou du Roi.

| 11. D. 5. CD. échec.

Lisez : Dame à la 5° case  Cavalier de la Dame. Échec.

12. F. 2. D.               |

Lisez : Fou à la 2° case de la Dame.

| 12. D. pr. FR.   .

Lisez : Dame prend le Fou du Roi.

13. D. 3. FR.               |

Lisez : Dame à la 3° case du Fou du Roi.

| 13. P. 4. FR.!

Lisez : Pion à la 4° case du Fou du Roi. Meilleur
coup.

14. P. pr. PF.               |

Lisez : Pion prend le Pion du Fou.

| 14. F. pr. PF.

Lisez : Fou prend le Pion du Fou.

15. D. 3. CD.               |

Lisez : Dame à la 3° case du Cavalier de la Dame.

| 15. D. 8. FR. échec.

Lisez : Dame à la 8° case du Fou du Roi, échec.

16. R. pr. D.                |

          Lisez : Roi prend la Dame.

                    | 16. F. 6. D. éch. doubl.

Lisez : Fou à la 6e case de la Dame, échec double.

17. R. 1. R.                |

          Lisez : Roi à la 1re case du Roi.

                    | 17. T. 8. FR. éch. et mat.

Lisez : Tour à la 8e case du Fou du Roi, échec et mat.

La partie est terminée, puisque le Roi blanc a reçu l'échec et mat.

Pour écrire une partie, on emploie le même mécanisme.

---

*Nota.* — Nous engageons l'amateur qui voudra lire couramment une partie, de répéter quatre ou cinq fois cette partie.

# TABLEAU SYNOPTIQUE
### De la notation anglaise et américaine

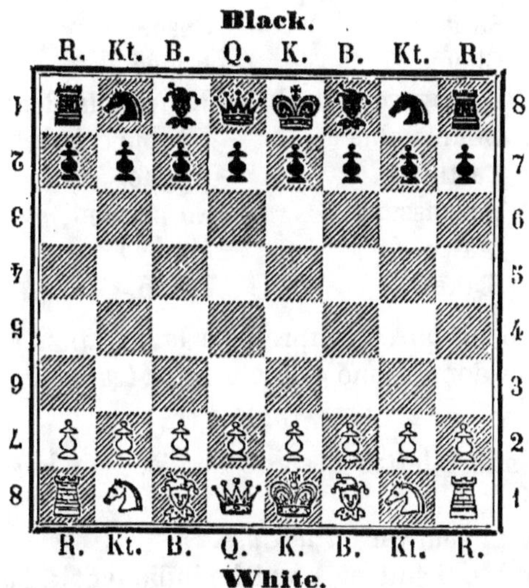



Le système de la notation anglaise et américaine est tout à fait le même que celui des Français ; il n'y a que les noms des *Pièces* et des *Pions* qui diffèrent.

## NOMS DES PIÈCES ET DES PIONS

| | | | | |
|---|---|---|---|---|
| King ou K. | En français | Roi. |
| Quen ou Q. | — | Dame. |
| Rook ou R. | — | Tour. |
| Knigt ou Kt. | — | Cavalier. |
| Bishop ou B. | — | Fou. |
| Pawn ou P. | — | Pion. |

## ABRÉVIATIONS ANGLAISES ET AMÉRICAINES

En français.

| | | |
|---|---|---|
| Sq. | Square. | Case. |
| Ch. | Check. | Échec. |
| Dis. ch. | Discovered check. | Échec à la découverte |
| Doub. ch. | Double check. | Double échec. |
| Castles. | Castles. | Roque. |
| En pass. | En passant | En passant. |
| Mate. | Mate. | Mat. |
| Takes. | Takes. | Prend. |

Pour mieux faire comprendre la notation anglaise, nous allons donner une partie avec la traduction.

### 1. P. to. K 4 th.

La première lettre désigne la Pièce ou le Pion qui doit jouer.

Le mot *to* veut dire *à la Case.*

La lettre qui suit et  e chiffre indiquent la *Case* où la *Pièce* doit être placée.

### PARTIE

| WHITE. BLANCS. | BLACK. NOIRS. |
|---|---|
| 1. P. to. K 4. | 1. P. to. K 4. |
| P. 4. R. | P. 4. R. |
| 2. B. to. QB 4. | 2. Kt. to. KB 3. |
| F. 4. FD. | C. 3. FR. |
| 3. Kt. to. QB 3. | 3. P. to. QKt 4. |
| C. 3. FD. | P. 4. CD. |
| 4. B. takes P. | 4. B. to. QB 4. |
| F. pr. P. | F. 4. FD. |
| 5. P. to. Q 3. | 5. P. to. QB 3. |
| P. 3. D. | P. 3. FD. |

| | |
|---|---|
| 6. B. to. QB 4. | 6. Q. to. QKt 3. |
| F. 4. FD. | D. 3. CD. |
| 7. Q. to. K 2. | 7. P. to. Q 4. |
| D. 2. R. | P. 4. D. |
| 8. P. takes. P. | 8. Castles. |
| P. pr. P. | Roque TR. |
| 9. Kt. to. K 4. | 9. Kt. takes. Kt. |
| C. 4. R. | C. pr. C. |
| 10. P. takes. Kt. | 10. B. takes. KBP. ch. |
| P. pr. C. | F. pr. PFR. échec. |
| 11. Q. takes. B. | 11. Q. to. QKt 5. ch. |
| D. pr. F. | D. 5. CD. échec. |
| 12. B. to. Q 2. | 12. Q. takes. KB. |
| F. 2. D. | D. pr. FR. |
| 13. Q. to. KB 3. | 13. P. to. KB 4. |
| D. 3. FR. | P. 4. FR. |
| 14. P. takes. KBP. | 14. B. takes. P. |
| P. pr. PFR. | F. pr. P. |
| 15. D. to. QKt 3. | 15. Q. to. KB 8. ch. |
| D. 3. CD. | D. 8. FR. échec. |
| 16. K. takes. Q. | 16. B. to. Q 6. doub. ch. |
| R. pr. D. | F. 6. D. doub. éch. |
| 17. K. to. K. sq. | 17. R. to. KB 8. mate. |
| R. 1. R. | T. 8. FR. mat. |

# TABLEAU SYNOPTIQUE

### De la notation allemande

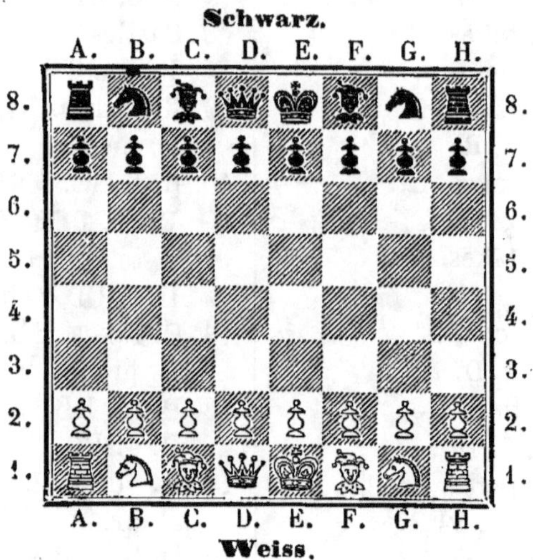



La notation allemande diffère de beaucoup de la notation anglaise et française.

Les *colonnes,* au lieu de porter le *nom* de la pièce qui l'occupe au début de la partie, portent le nom des huit premières lettres de l'alphabet.

La numération des cases ne part que du *côté* des *Blancs,* en montant les colonnes ou les rangs.

## NOMS DES PIÈCES ET DES PIONS

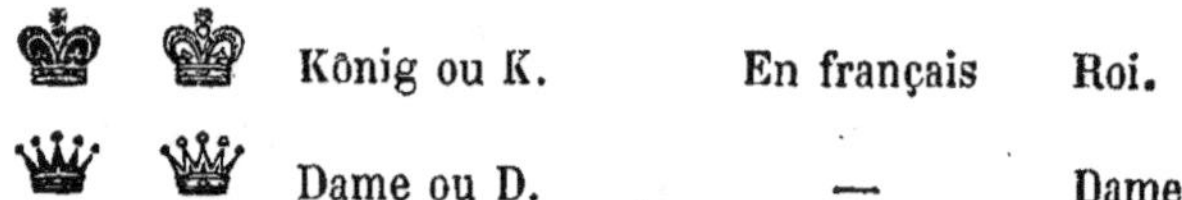

| | | | |
|---|---|---|---|
| Kônig ou K. | En français | Roi. |
| Dame ou D. | — | Dame. |

Thürme ou T.          En français    Tour.

Läufer ou L.          —              Fou.

Springer ou S.        —              Cavalier.

Bauer ou B.           —              Pion.

1. S e2. — e4.

Le chiffre indique le coup.

L'*initiale* qui vient indique la *pièce* qui doit jouer.

*e2.* indique que la Pièce ou le Pion qui se trouve sur cette case doit jouer.

Le — veut dire *à la case.*

*e4.* indique la case où cette Pièce ou Pion doit être placée.

Les Allemands, en parlant du Pion, ne donnent jamais la lettre initiale B.

## PARTIE

| Weiss.<br>**BLANCS.** | Schwarz.<br>**NOIRS.** |
|---|---|
| 1. e2. — e4. | 1. e7. — e5. |
| P. 4. R. | P. 4. R. |
| 2. Sg1. — f3. | 2. Sb8. — c6. |
| C. 3. FR. | C. 3. FD. |
| 3. Lf1. — c4. | 3. Lf8. — c5. |
| F. 4. FD. | F. 4. FD. |
| 4. c2. — c3. | 4. Dd8. — e7. |
| P. 3. FD. | D. 2. R. |
| 5. Rochirt. | 5. d7. — d6. |
| Roque TR. | P. 3. D. |
| 6. d2. — d4. | 6. Lc5. — b6. |
| P. 4. D. | F. 3. CD. |
| 7. Lc1. — g5. | 7. f7. — f6. |
| F. 5. CR. | P. 3. FR. |

8. Lg5. — h4.
   F. 4. TR.
9. Sf3. — g5 :
   C. pr. PC.
10. Dd1. — h5. †
    D. 5. TR. échec.
11. Lh4. — g5 :
    F. pr. PC.
12. Lc4. — e6. †
    F. 6. R. échec.
13. Dh5. — e8. †
    D. 8. R. échec.
14. d4. — d5.
    P. 5. D.

8. g7. — g5.
   P. 4. CR.
9. f6. — g5 :
   P. pr. CR.
10. Ke8. — d7.
    R. 2. D.
11. De7. — g7.
    D. 2. CR.
12. Kd7. — e6 :
    R. pr. FR.
13. Sg8. — e7.
    C. 2. R.
    Matt.
    Échec et mat.

La notation allemande est préférable à toute autre et est sujette à moins d'erreurs.

## NOTATION ITALIENNE

La notation italienne est la même que celle des Allemands.

### NOMS DES PIÈCES ET DES PIONS

| | | | | |
|---|---|---|---|---|
| Re ou R. | En français | Roi. |
| Donna ou D. | — | Dame. |
| Rocco ou R. | — | Tour. |
| Alfiere ou A. | — | Fou. |
| Cavalo ou C. | — | Cavalier. |
| Pedone ou P. | — | Pion. |

## NOTATION ESPAGNOLE

Les Espagnols ont la notation allemande et la notation française.

### NOMS DES PIÈCES ET DES PIONS

| | | |
|---|---|---|
| Rey ou R. | En français | Roi. |
| Dama ou D. | — | Dame. |
| Torre ou T. | — | Tour. |
| Caballo ou C. | — | Cavalier. |
| Arfil ou A. | — | Fou. |
| Peon ou P. | — | Pion. |

### VALEUR DES PIÈCES

Il est important, surtout pour la liquidation ou l'échange des Pièces, de connaître leur valeur intrinsèque, indépendante de leur position aux différentes phases de la partie.

Le Fou vaut 3 Pions.
Le Cavalier vaut 3 Pions.
La Tour vaut 4 Pions.
La Dame vaut 8 Pions.

Au début, les deux Tours étant inférieures à la Dame et plus fortes vers la fin, nous égalisons la valeur de la Dame à celle des deux Tours.

# SECTION IV

## ÉTUDES SUR LES PIÈCES ET LES PIONS

---

### ÉTUDES SUR LE ROI

*Sauver le Roi; prendre le Roi rival :*

voilà tout le jeu des Échecs.

Le but de ce jeu étant la prise et l'attaque du Roi ennemi, chacun des joueurs doit porter la plus grande attention à pourvoir à la *sûreté* et à la *défense* de son propre Roi.

Il ne faut pas trop éloigner la Dame du Roi, comme font les joueurs *novices*, en la lançant souvent à l'extrémité de l'Échiquier, soit pour prendre un Pion, soit pour attaquer une Pièce, dont la prise tourne à leur désavantage, ou pour donner un échec.

Le Roi, au début de la partie, doit rester entouré de ses Pièces et protégé par les Pions.

Lorsque les Dames ont été échangées et que l'Échiquier se trouve dégarni de Pièces, le Roi doit, à son tour, marcher en avant pour soutenir l'attaque comme la défense.

Quand il ne reste que des Pions, la règle veut que le Roi se place à leur tête et les précède pour les mener à Dame ; sa position, alors, n'est pas seulement *défensive*, elle devient *offensive;* bien conduit, le Roi a presque la puissance d'une Tour.

Le Roi, à la fin d'une partie, ne doit pas rester inactif.

Il est souvent utile de Roquer de bonne heure et du côté du Roi (TR.), parce que c'est le côté où il est le plus à l'abri des attaques et le plus facile à défendre.

Le Roque du côté de la Dame (TD.) est cependant préférable, quand les Pions ne sont pas avancés de ce côté et qu'en même temps votre Roi est en sûreté.

Le Roque du côté de la Dame est aussi ordinairement bon, quand le Pion de la Dame a quitté sa colonne ou a été échangé, puisqu'il apporte immédiatement une nouvelle puissance contre le centre adverse.

Lorsque les Dames auront été échangées, il est souvent utile, au lieu de Roquer, de jouer le Roi à la deuxième case du Fou du Roi, afin de laisser communiquer les Tours entre elles.

Lorsque le Roi a Roqué de son côté, empêchez qu'un cavalier ennemi ne vienne s'établir à la 4e case du Fou de votre Roi.

Il est rarement prudent d'avancer les Pions du côté où le Roi a Roqué; beaucoup de personnes croient utile d'avancer d'un pas le Pion de la Tour, pour ouvrir une sortie au Roi; c'est une erreur, et la position du Roi en est fort affaiblie.

Lorsque le Roi reçoit un échec, interposez, si cela se peut, une Pièce qui attaque en le couvrant.

Quand le Roi a Roqué, la case de la Tour du Roi est un bon poste pour lui; il permet l'avance du Pion du Fou du Roi menacé par le Fou adverse; ce coup ne peut être fait que lorsque vous ne perdrez pas un temps.

Quand le Pion de la Tour a été poussé deux pas, le Roque, de ce côté, devient très-dangereux; le Pion du Cavalier poussé une case est déjà une raison contre le Roque de ce côté-là.

Ne Roquez pas du côté où les Pions ennemis sont en force.

Le Roque est quelquefois le moyen d'échapper à une position critique.

Roquez, si la position de votre Roi vous gêne dans vos opérations.

L'avance du Pion du Cavalier ou de la Tour peut quelquefois ôter à l'adversaire la pensée de Roquer de ce côté.

C'est une bonne attaque que de pousser les Pions des Cavaliers sur le Roi qui a Roqué, quand il a avancé le Pion de sa Tour.

Quand le Roi a Roqué, il est prudent de lui ménager une retraite pour le cas où il serait attaqué : ici, il est difficile de préciser le moment.

Mettez la plus grande réserve à couvrir le Roi par la Dame quand il reçoit un échec, et ne vous exposez jamais à un échec à la découverte.

Ne donnez pas d'échecs inutiles ; mais lorsque, par un échec, vous pouvez forcer le Roi adverse à changer de case et lui enlever ainsi le droit de Roquer, il ne faut pas négliger de le faire.

Il est utile aussi de le forcer, par une série d'échecs, à avancer vers le centre de l'Échiquier ; une fois qu'il aura dépassé la ligne des Pions et qu'il sera attaqué par trois Pièces, il succombera probablement.

Ne vous hâtez pas trop de prendre un Pion de l'adversaire qui se trouve devant votre Roi ; dans bien des cas, il le couvre plus efficacement qu'un de vos propres Pions.

Le Gambit de Cuningham en fournit un exemple.

Le Roque a pour but principal de dégager la Tour et de mettre le Roi en sûreté.

Il ne faut pas oublier que le Roque est la dépense d'un temps

## ÉTUDES SUR LA DAME

La Dame est la plus formidable des Pièces ; elle ren-ferme les puissances de la Tour et du Fou, mais elle est bien supérieure à ces deux Pièces séparées sur l'Échiquier, attendu qu'elle porte toujours avec elle ces deux puissances unies ensemble.

. Ne défendez pas avec la Dame ce qui peut l'être par une force inférieure.

Ne l'employez pas pour une fin de peu d'importance, comme la garde d'un Pion ou même d'une Pièce.

Ainsi que nous l'avons dit, ne la prodiguez pas au début, parce que, attaquée par des Pièces inférieures, elle est obligée à la retraite, ce qui fait perdre des temps précieux, tandis que l'adversaire développe son jeu par ces attaques.

N'éloignez pas la Dame du corps de la bataille ; un joueur habile sacrifiera quelquefois un Pion éloigné, afin d'attirer la Dame de l'adversaire à l'écart et de priver ainsi le Roi de son secours.

N'attaquez pas avec la Dame seule ; ses assauts sont plus redoutables et sa force bien plus considérable lors-qu'elle agit de concert avec d'autres Pièces.

La Dame ne peut se changer que contre la Dame ou contre des forces numériquement égales.

Au début de la partie, la Dame reste ordinairement en observation derrière les Pions.

Il faut cependant lui ménager, à droite et à gauche, des passages par où elle puisse, dans la nécessité, se porter soit à l'attaque, soit à la défense.

La Dame peut même être exposée à des attaques, quand on a calculé que, sous les feux ennemis, on parviendra à lui procurer une position sûre et importante, ou que la perte de la Dame sera suivie de la victoire.

L'échange des Dames peut se faire, savoir:

Lorsqu'on est sous une attaque violente ;

Lorsqu'on a l'avantage numérique ou de position ;

Lorsque la position de votre Roi devra s'améliorer par la disparition de la Dame ennemie;

Lorsque, par l'échange, vous déroquez le Roi de l'adversaire.

Quand la Dame occupe une position importante, il faut empêcher que l'adversaire ne vienne la déposter ; cette défense doit se faire surtout par la manœuvre des Pions.

Au début, les meilleures cases que la Dame puisse avantageusement occuper sont: sa case, la 3ᵉ case du Cavalier de la Dame, la 5ᵉ case de la Tour du Roi et la 2ᵉ case du Roi, quand cette colonne n'est pas dégarnie de Pions.

La Dame placée à la 2ᵉ case de la Dame, à la 2ᵉ case du Fou de la Dame et à la 3ᵉ case de la Dame prend souvent une direction menaçante contre le Roque du côté du Roi adverse.

La Dame placée à la 3ᵉ case du Cavalier de la Dame menace deux points faibles de l'adversaire, savoir: 2ᵉ du Fou du Roi et 2ᵉ du Cavalier de la Dame ; là aussi, elle entre quelquefois en coopération avec l'action de votre Fou du Roi placé à la 4ᵉ case du Fou de la Dame.

Il est important d'opposer votre Dame à la Dame adverse, surtout quand celle-ci menace d'entrer et de s'établir dans votre jeu.

L'échange de la Dame contre deux Tours, surtout vers la fin de la partie, ou quand les Tours sont doublées, n'est pas un désavantage, généralement parlant.

## ÉTUDES SUR LA TOUR

Après la Dame, la Tour est la Pièce la plus forte ; au début de la partie, son usage est presque nul à cause des positions qu'elles occupent.

C'est un grand art que celui de mettre les Tours en jeu, et les plus forts joueurs peuvent encore acquérir sous ce rapport.

Toutes les fois que vous avez une colonne dégarnie de Pions, vous devez placer à la tête de cette colonne une Tour.

Toutes les fois que vous le pourrez, doublez vos Tours ; c'est presque toujours un avantage, dit Philidor.

Quand le terrain est dégarni de Pièces ou de Pions, placez vos Tours dans le jeu de votre adversaire ; là elles arrêtent la marche du Roi et diminuent sa puissance.

Ne laissez pas d'ouvertures aux Tours de votre adversaire du côté où votre Roi a Roqué.

Quand votre adversaire cherche à s'emparer d'une colonne avec ses Tours, vous devez lui opposer les vôtres.

Quand une de vos Tours occupe une colonne et qu'on vous oppose une Tour, mieux vaut doubler votre Tour que de prendre celle de l'adversaire.

Il faut, autant que possible, empêcher l'adversaire de doubler ses Tours dans une colonne ouverte ou dans une position où il pourrait attaquer les Pièces qui défendent votre Roi.

En portant une Tour au 7e rang de votre Roi ou de votre Dame, vous faites une attaque fort embarrassante contre ses Pions, et il perdra, à les défendre, des temps dont vous profiterez.

Il est de la plus haute importance de faire sortir promptement vos Pièces au début de la partie ; c'est que, tant qu'elles restent à leurs cases, elles paralysent complétement le mouvement des Tours.

Rien de plus ordinaire que de voir la partie déjà perdue, entre les mains d'un joueur inhabile, avant que ses Tours aient pu sortir de leurs cases.

La Tour est la seule Pièce qui ne perde pas de sa force intrinsèque en changeant de position ; sur l'Échiquier vide de Pièces, elle protége toujours seize cases.

La Tour de la Dame est ordinairement bien placée à la case de la Dame, et la Tour du Roi à la case du Fou du Roi ou à celle du Roi.

Évitez de placer les Tours au milieu de l'Échiquier quand il est encore garni de Pièces.

Les Tours ne marchant qu'en colonnes et en rang, elles seraient exposées à se faire prendre, ou bien à vous faire perdre des temps.

## ÉTUDES SUR LE FOU

Les Fous sont de très-bonnes Pièces, offensives et défensives à la fois ; leur direction sur les Pièces supérieures est fort à craindre.

Le Fou du Roi est regardé comme étant un peu supérieur à celui de la Dame.

Voici les meilleures cases pour le Fou du Roi au début de la Partie : 4e case du FD., 3e case de la D., 5e case du CD. et 2e case du Roi.

Les meilleures cases pour le Fou de la Dame sont : 3e case du Roi, 3e case de la TD., 2e case du CD. et 5e case du CR. dans les gambits.

Lorsque le Fou du Roi est placé à la 4° case du Fou de la Dame attaquant le Pion du Fou du Roi, on ne peut souvent lui opposer avec succès que le Fou de la Dame, dit Philidor.

Lorsque le Fou de la Dame masque l'attaque du Fou du Roi, il vaut mieux retirer le Fou du Roi à la 3° case du Cavalier de la Dame, tandis qu'en prenant le FD, bien que vous lui fassiez doubler un Pion, vous lui ouvrez une colonne pour sa Tour, après que son Roi aura Roqué.

Ayez soin de ne pas placer le Fou du Roi à la 3° case de la Dame avant que le Pion de cette Dame ait été avancé, ni de faire avancer ce Pion d'un pas avant la sortie du Fou du Roi ; car, dans ce dernier cas, le Fou ne pourrait avancer qu'à la 2° case du Roi, où sa position est plutôt défensive qu'offensive.

Dans les fins de partie, si vous êtes fort en Pions, tâchez de vous défaire des Fous ennemis ; ils sont plus puissants que les Cavaliers, et que les Tours elles-mêmes, pour arrêter les Pions, par leur direction diagonale.

S'il vous reste un Fou et des Pions, placez vos Pions sur la couleur opposée à celle du Fou. Votre Fou empêchera le Roi adverse de pénétrer au milieu d'eux. Si vous êtes en force inférieure et sur la défensive, il faut faire le contraire, afin que votre Fou protége vos Pions, dit Philidor.

Le Fou de la Dame est généralement peu utile du côté du Roi, dans les débuts réguliers surtout. Du côté de la Dame, il peut prendre des directions plus efficaces contre le petit Roque (TR).

Si vous restez avec un Fou contre une Tour, conduisez votre Roi dans une case angulaire de couleur contraire à celle du Fou : là seulement la remise est certaine.

Vers la fin de la partie, n'échangez pas, sans mûre réflexion, vos Fous pour des Cavaliers, ou réciproquement ; deux Fous sont plus forts que deux Cavaliers, car ils peuvent donner le Mat à l'adversaire, ce que les deux Cavaliers ne peuvent pas faire ; mais un Fou seul est ordinairement moins utile qu'un Cavalier.

## AVANTAGE DU FOU SUR LE CAVALIER

Le Fou frappe plus au loin que le Cavalier.

Les deux Fous et le Roi peuvent donner le Mat au Roi adverse lorsqu'il est seul, ce que les deux Cavaliers ne peuvent faire.

Les deux Fous peuvent barrer le passage au Roi ennemi ; les Cavaliers n'y peuvent parvenir.

La victoire de la Dame, à la fin de la partie, est plus facile contre les deux Cavaliers que contre les deux Fous.

Un Fou et un Pion se gardent réciproquement, qualité précieuse à la fin d'une partie et que ne possède pas le Cavalier.

Quand le Fou couvre le Roi d'un échec, il défend et attaque en même temps, ce que le Cavalier ne peut pas faire.

Le Roi ennemi ne peut investir le Fou et le prendre, comme il peut poursuivre et prendre le Cavalier qui se trouve sur certaines cases.

Le Fou peut, dans certains cas, tenir le Cavalier séquestré. et l'empêcher de sortir jusqu'à ce que le Roi, ou une autre Pièce, arrive pour le prendre ; le Cavalier n'a pas cette faculté.

En démasquant un Fou, on peut donner un échec double, ce qu'on ne peut faire avec le Cavalier.

Le Roi et le Fou peuvent souvent réussir à faire le Roi *pat* et faire *partie remise* contre le Roi, la Tour et un Pion, ce que le Cavalier est impuissant à faire.

Le Pion de la Tour peut quelquefois réussir à arriver à Dame malgré le Cavalier, mais le Fou peut toujours l'arrêter.

### ÉTUDES SUR LE CAVALIER

Le Cavalier est ordinairement la pièce favorite des joueurs ; il est d'un prix inestimable dans la mêlée, par la facilité avec laquelle il peut s'insinuer dans les rangs de l'adversaire.

Au début de la partie, la position la plus forte pour le Cavalier du Roi est à la 3ᵉ case du Fou du Roi.

Dans cette case, le Cavalier attaque immédiatement le Pion du Roi qui se trouve à la 4ᵉ case du Roi adverse, et ne permet point à la Dame adverse de se porter à la 4ᵉ case de votre Tour, où elle serait souvent une cause de danger et de gêne pour votre Roi.

Le Cavalier de la Dame débute avantageusement en se plaçant à la 3ᵉ case du Fou de la Dame, surtout comme coup de défense contre l'attaque du Pion du Roi par le Cavalier du Roi adverse.

Le Cavalier de la Dame débute bien aussi, en se portant à la 2ᵉ case de la Dame, principalement après la sortie du Fou de la Dame.

Apprenez, en étudiant les parties des forts joueurs, à profiter des innombrables ressources qu'il renferme, et, d'un autre côté, à vous tenir en garde contre les sourdes menées de ce perfide ennemi.

N'engagez pas les Cavaliers dans une direction où ils manqueraient de débouchés.

Établissez entre les Cavaliers, comme entre les Tours, une communication réciproque.

Un Cavalier est bien fort quand il est placé dans les rangs ennemis, soutenu par deux Pions et bravant les Pièces adverses qui ne peuvent le prendre sans réunir les Pions.

Dans les fins de partie, un Cavalier, ainsi qu'un Fou, peut être inférieur à un Pion. Si donc vous avez un Pion de moins, n'échangez pas toutes les Pièces : gardez-en une afin de l'échanger contre un Pion restant ; c'est quelquefois le seul moyen de forcer la remise.

L'Échec par le Cavalier a cela de particulier qu'il ne peut être détruit que par la prise de ce Cavalier ou par le mouvement convenable de la Pièce attaquée.

En général, il faut placer les Cavaliers à des cases d'où ils puissent s'élancer librement et rapidement, s'il est possible, à l'attaque et à la défense.

## AVANTAGE DU CAVALIER SUR LE FOU

Le Roi ne peut se couvrir d'un échec de Cavalier, ce qui le force à changer de case et lui fait ainsi perdre la faculté de Roquer.

Le Cavalier se trouve tantôt sur les cases blanches, tantôt sur les cases noires, ce qui est un grand avantage pour poursuivre et prendre les Pions et les autres Pièces.

Le Fou n'a à sa disposition que la moitié de l'Échiquier, savoir, les cases de couleur, tandis que le Cavalier peut se transporter sur toutes les cases.

Le Cavalier et le Pion de la Tour doivent gagner contre le Roi seul, ce qui n'arrive pas lorsque le Pion est accompagné du Fou qui n'est pas de la couleur de la case où le Pion arrive à Dame.

Lorsque la Dame, qui n'est séparée du Roi que d'une case, lui fait un échec, et que cet échec est couvert par un Cavalier, la Dame ne peut pas répéter l'échec au coup suivant; elle le peut lorsque, dans les mêmes circonstances, l'échec est couvert par un Fou.

Le Cavalier est la seule Pièce qui saute par-dessus les autres; il est aussi la seule qui puisse donner le mat au Roi adverse sans le secours d'aucune autre pièce. (Voyez le *Mat* étouffé.)

Le Cavalier peut attaquer *huit* Pièces à la fois; le Fou, jamais plus de *quatre*, et cela très-rarement.

Les Cavaliers se gardent réciproquement, ce que les Fous ne peuvent faire.

Dans le fort du combat, le Cavalier peut se jeter dans la mêlée et rompre les rangs de l'adversaire avec plus de vigueur que le Fou.

Le mouvement du Cavalier ne peut se reproduire par aucune autre Pièce, tandis que la marche du Fou peut se reproduire par la Dame, le Roi et le Pion.

## ÉTUDES SUR LES PIONS

*Les Pions sont l'âme des Échecs.*

Comme la force principale des armées se compose d'infanterie, de même, dans la guerre qui nous occupe, les Pions, qui en représentent l'image, ont une force et une puissance considérables.

Disons comme notre grand maître Philidor : *Ils sont l'âme des Échecs :* ce sont eux uniquement qui forment l'attaque et la défense; et de leur bon ou mauvais arrangement dépend le gain ou la perte de la partie.

Voici ce que nous dit M. Lewis : « Il est difficile de jouer les Pions, mais il est absolument nécessaire de connaître à fond leurs combinaisons, si l'on aspire devenir fort joueur. »

Il est important d'occuper le centre de l'Échiquier avec ses Pions, principalement avec ceux du Roi et de la Dame ; là, ils retardent et empêchent le développement des forces de l'adversaire et servent d'appui à vos propres Pièces.

C'est au *quatrième rang* que les Pions ont le plus de force, surtout s'ils sont de front ; mais, dès qu'ils cessent de se maintenir de front, ils s'affaiblissent.

Ne vous empressez donc pas trop de les y établir : attendez que vous soyez en mesure de pouvoir les y soutenir.

Opposez-vous à ce que votre adversaire n'établisse pas les Pions du Roi et de la Dame au 4ᵉ rang.

Maintenez deux Pions qui sont de front, surtout au quatrième rang, dit Jaenisch ; si l'on attaque un de ces Pions, avancez plutôt que de prendre, dit Philidor. Cependant, il est des cas où il vaut mieux prendre que d'avancer, comme s'il arrivait que le Pion avancé vous devînt inutile et appelât une attaque.

Il est très-important de vous dire que dès le début de la partie on doit avoir pour but de se créer un centre, et que l'on s'oppose, d'un autre côté, à ce que l'adversaire en fasse autant.

L'idée d'arriver à ce résultat amène souvent le dégagement le plus rapide et le plus conforme aux principes qui président à la sortie des Pièces.

Dans un cordon diagonal de Pions, conservez le plus avancé, dit Lewis ; faites marcher le plus avancé le premier, dit Philidor.

Il serait très-imprudent de pousser tous les Pions deux pas ; le Roi serait exposé aux attaques des Pièces de l'adversaire, qui attaqueraient de flanc sans que vous puissiez le déposter.

Un Pion doublé, lié avec d'autres et passant des ailes au centre, n'est pas toujours un désavantage.

Le Pion du Fou du Roi doublé sur la colonne du Roi, quand le Pion de la Dame existe encore sur sa colonne, fortifie le centre et donne une colonne ouverte à la Tour du Roi.

Un *Pion passé* est très-bon quand il peut être soutenu par d'autres Pions surtout ; mais c'est un Pion aventuré, s'il n'est pas appuyé.

Les Pions d'un même côté doivent se soutenir ; toutefois, Philidor pense que, quand vous avez deux groupes de Pions, vous devez fortifier le plus fort aux dépens du plus faible.

Les Pions, en avançant prudemment, resserrent le terrain ennemi et gagnent des temps.

Ne vous pressez pas de pousser les Pions des ailes : vous livreriez des ouvertures et laisseriez vos Pièces sans appui, dit Philidor.

Défendez-vous plutôt avec un Pion qu'avec une Pièce.

Quant aux attaques par les Pions, n'en faites que sous la protection des Pièces et des autres Pions.

On peut quelquefois sacrifier un Pion, soit pour découvrir le Roi adverse, soit pour prendre l'attaque, soit pour dégager plus rapidement son jeu, soit pour se procurer le service d'une pièce, soit encore pour en pousser un, qu'il arrêtait, à l'appui d'un autre Pion ou d'une Pièce.

Il en est des Pions comme des Pièces : leur valeur est en raison de leur position par rapport au centre. Les deux plus forts sont les Pions du Roi et de la Dame ; il est donc bon, généralement, d'échanger votre Pion du Fou du Roi contre le Pion du Roi adverse.

Lorsque les Pions de l'adversaire attaquent ceux qui couvrent le Roi, laissez prendre plutôt que de prendre vous-même; votre Roi peut ainsi continuer d'être couvert.

Ne poussez pas un Pion qui masquerait la direction de vos Pièces, ni celui qui contient une Pièce adverse. Comme c'est l'union des Pions qui en fait la force, serrez vos rangs et rompez ou isolez ceux de l'adversaire.

Un des principaux emplois des Pions, c'est de protéger les flancs de l'armée avec le concours des Pièces.

Jouez de bonne heure les Pions du Roi et de la Dame au 4e rang, si cela se peut; vous dégagez par là des Pièces d'une grande importance.

Pour les autres, attendez que la sortie de quelques Pièces soit faite.

Pousser les Pions des Tours d'une case, surtout celui de la Tour du Roi après le Roque, c'est un temps assez bien employé. Ce temps est pourtant mieux employé encore quand, par ce Pion avancé, on arrête ou qu'on force l'adversaire à reculer une Pièce.

Il est avantageux de pousser de bonne heure le Pion du Fou de la Dame, soit pour appuyer le Pion de la Dame, soit pour livrer un passage à la Dame.

Le Pion du Fou du Roi poussé à la 3e case au début de la partie est généralement mauvais, avant le Roque surtout.

Quand les Pions adverses s'avancent pour attaquer ceux qui couvrent votre Roi, que ceux-ci restent immobiles aussi longtemps que possible.

Le Pion du Fou du Roi étant le plus faible, il faut le protéger avec soin, car c'est sur lui que se dirigent les premières attaques.

# SECTION V

## DE LA VALEUR DES TEMPS

—

*Gagner des temps; en faire perdre à l'adversaire :*
voilà toute la science des Échecs.

Toute la science des Échecs se réduit à gagner des temps ; à en faire perdre à son adversaire ; à éviter d'en pérdre soi-même.

On n'est autorisé à jouer des coups indifférents, au point de vue du résultat, que lorsque toute autre manière de jouer renferme un danger réel, ce qui se présente quelquefois.

Il est donc important de savoir avec précision ce que c'est qu'un temps gagné ou perdu, et mieux encore dans quel cas on peut dire que l'on *gagne* ou que l'on *perd* un ou plusieurs temps.

## ON GAGNE DES TEMPS

En sortant ses Pièces de *bonne heure, à propos* et à la *meilleure case ;*

En se préparant le Roque et en déroquant l'adversaire ;

En attaquant avec des petites Pièces les Pièces supérieures obligées de se retirer, ce qui peut être le gain de deux temps ;

En fortifiant une attaque ou une défense ;

En faisant des échanges et des prises, plutôt que de perdre des temps ;

En se débarrassant, soit dans son jeu, soit du côté adverse, de Pièces ou de Pions qui gênent ;

En clouant, mais à propos, les Pièces de l'adversaire;

En attaquant une Pièce ou un Pion qui est sans défense, ne fût-ce que pour faire jouer un coup forcé ;

En faisant jouer à l'adversaire des coups obligés, perdus ou indifférents ;

En simulant une fausse attaque propre à lui faire faire fausse route, mais, bien entendu, sans s'exposer soi-même ;

En se procurant le service d'une Pièce que l'on fait entrer en jeu, ou que l'on amène pour fortifier une attaque, plutôt que d'employer ce temps à saisir un avantage qui ne peut échapper ;

En jouant un coup énergique, par exemple, un coup plus important que la prise d'un Pion ;

En jouant le coup le plus efficace et le plus fort de tous ;

En jouant de manière que la lutte fasse un pas en avant et hâte le résultat final en sa faveur : c'est l'effet le plus saillant d'un temps gagné ;

En faisant à propos Pion pour Pion, Pièce pour Pièce ;

En donnant des échecs dont la parade est de force un temps perdu pour l'adversaire, sans amélioration pour sa position ;

En jouant un coup nécessaire pour la défense, avant d'entreprendre ou de suivre une attaque.


## ON PERD DES TEMPS

En perdant de vue quelques-uns des préceptes de l'article précédent, qui traite de la manière de gagner des temps ;

En dégageant les Pions des ailes dès le début, au lieu d'employer ces temps à sortir les Pièces les plus efficaces à l'origine ;

En abandonnant le centre aux Pions adverses;

En retardant la sortie des Pièces les plus importantes pour l'attaque ou la défense;

En sortant prématurément des Pièces, et des Pièces supérieures surtout, à des cases où elles peuvent être attaquées par des Pièces inférieures, par exemple, la Dame et les Tours;

En portant une Pièce à une case où elle peut être débusquée plus tard par une Pièce inférieure ou un simple Pion, à moins qu'elle ne soit mise là à propos pour clouer une Pièce adverse;

En donnant des échecs inutiles ou ces échecs qui améliorent la position adverse, ce qui peut être la perte de plusieurs temps;

En sortant une Pièce de manière qu'elle en gêne une autre, comme un Cavalier devant un Fou ou devant la Dame;

En faisant des échanges qui profitent à l'adversaire, soit comme position, soit comme avance vers un résultat en sa faveur;

En jouant des coups sans portée, alors qu'on pourrait en jouer d'efficaces qui feraient gagner de l'avance;

En faisant des attaques qui dépensent des temps en pure perte;

En jouant d'autres coups que ceux que la théorie a démontrés être les coups justes dans la position.

De ces considérations résulte la nécessité d'étudier les livres, ainsi que les parties des forts joueurs.

# SECTION VI

## DE L'ATTAQUE, DE LA DÉFENSE ET DE L'ÉCHANGE

—

### DE L'ATTAQUE

L'attaque est dévolue à celui qui joue le premier. Contre un adversaire, vous pouvez conserver l'attaque pendant six, huit, dix coups, ou même plus longtemps.

Il est utile d'avoir l'attaque en main, pour plusieurs raisons. En attaquant, on dicte, pour ainsi dire, le jeu de l'adversaire; toute faute de sa part lui portera un préjudice positif, tandis que de votre côté une faute ne vous fera perdre ordinairement que l'avantage de l'attaque.

Préférez un jeu attaquant à un jeu timide et par trop réservé, et rappelez-vous le fameux mot de Danton: *De l'audace, encore de l'audace, toujours de l'audace.*

Les attaques solides sont celles qui se font avec les Pièces et les Pions à la fois, tandis que les attaques faites avec une ou deux Pièces seulement sont le plus souvent abortives.

Que vos attaques soient vives, mais ayez soin, avant de les entreprendre, d'en peser toutes les suites.

Quand une attaque est commencée, il est dangereux de la suspendre par des coups indifférents ou par la sortie d'une nouvelle Pièce, sous prétexte de la fortifier; l'adversaire peut profiter de cette interruption pour s'en débarrasser et même pour prendre l'attaque à son tour.

Un échec est une attaque, mais c'est un temps perdu pour vous et gagné par l'adversaire, si cet échec n'améliore pas votre position.

Avant de déplacer une Pièce, et surtout une Pièce qui doit être employée à l'attaque, examinez attentivement le vide qu'elle va laisser après elle et la place qu'elle va occuper.

Les douze premiers coups qui forment le début de la partie ne doivent être que des dispositions préparatoires à l'attaque.

Lorsque toutes les Pièces sont libres et bien placées, et avant d'entreprendre l'attaque, examinez la somme des forces respectives.

Avant d'entreprendre une attaque, il faut donc :

Avoir dégagé ses Pièces ;

Avoir pourvu à sa propre défense ;

Avoir comparé ses forces à celles de l'adversaire ;

Avoir calculé d'avance le résultat de la lutte qui va s'engager, l'état numérique des forces restantes, mais bien observer *surtout* la position qu'elles occupent sur l'Échiquier.

Dans le cours d'une attaque, songez toujours à la défense.

Sur l'Échiquier, comme sur le champ de bataille, trois choses surtout sont nécessaires pour une bonne attaque :

Disposer ses lignes d'opérations de la manière la plus avantageuse ;

Concentrer ses forces avec le plus de rapidité possible sur le point le plus important de l'ennemi ;

Lancer à la fois sur ce point d'attaque l'action combinée de ses forces.

« *Bonaparte en Italie, tel est le beau idéal du joueur d'Échecs,*» dit George Walker.

Il est souvent utile pour l'attaque d'avancer les Pions contre le Roi adverse, surtout quand on a Roqué d'un autre côté.

Si vous êtes supérieur en nombre, n'opposez à une attaque que le moins de pièces possibles ; groupez les autres autour de votre Roi, afin qu'elles vous servent comme de corps de réserve pour le moment décisif.

Quand vous êtes maître du centre, ne tardez plus l'attaque des ailes ennemies.

Quand vous avez l'avantage, obligez l'échange des Dames, s'il se peut; en cas de refus, profitez-en pour établir dans le jeu de l'adversaire une position sous la protection de votre Dame, si elle ne peut être attaquée par des Pièces inférieures.

Prévoyez-vous une menace d'attaque, lancez vos Pièces de ce côté, si cela est possible.

Quand vous voyez votre adversaire se préparer pour une attaque, calculez prudemment vos moyens de défense ; si ses moyens sont plus nombreux que les vôtres, la Pièce attaquée et le poste sont à lui ; s'ils sont égaux aux vôtres, tout se réduira à une liquidation ; s'ils sont moindres, son attaque se tournera contre lui, dit La Bourdonnais.

## DE LA DÉFENSE

En général, les principes de la défense sont le contre-pied de ceux de l'attaque.

Le rôle de la défense est moins brillant que celui de l'attaque, dit La Bourdonnais, mais il est plus utile, plus essentiel et d'un mérite plus rare.

La première règle de la défense est de pressentir et de deviner les intentions de son adversaire. Avance-t-il une Pièce, il faut prévoir le but de ce déplacement. Il est rare, dit La Bourdonnais, que ses manœuvres ne dévoilent pas ses plans.

Tout en vous défendant, tâchez de vous ménager peu

à peu les moyens d'une contre-attaque ; c'est la meilleure de toutes les défenses.

Un joueur réduit à se défendre, dit encore La Bourdonnais, doit agir comme le gouverneur d'une place assiégée : concentrer ses forces, évacuer les postes moins importants, entretenir les communications libres entre ses troupes.

Il faut, en général, défendre au début les Pions attaqués, comme aussi attaquer les Pions sans défense, et plutôt en sortant des Pièces qu'avec des Pièces déjà sorties, car c'est le moyen de gagner des temps. Le moindre avantage cédé à l'origine se fait sentir plus tard, dit Saint-Amand.

Quelquefois l'adversaire a laissé en prise un Pion ou une Pièce ; ne la prenez qu'après vous être bien assuré d'avance que ce n'est pas un piége que l'on vous tend.

On peut quelquefois amortir et même repousser une attaque très-vive par un échange de quelques Pièces, et, dans ce cas, il ne faut pas regarder à leur valeur absolue ; on peut, dans l'occasion, sacrifier avec avantage une Tour pour un Fou.

## DES ÉCHANGES

Les échanges des Pièces doivent se faire :
Pour déconcerter une attaque de l'adversaire ;
Pour gagner des temps ;
Pour dégager les Pièces ;
Pour mieux placer le Roi ;
Pour neutraliser une attaque commencée par l'adversaire ;
Pour détruire une position qui vous est contraire ;
Pour vous délivrer d'une Pièce ou d'un Pion dont la présence est de nature à vous inquiéter ;

Enfin, quand on est supérieur en forces; car alors l'ennemi a le double désavantage de perdre une Pièce et d'affaiblir généralement son jeu; moins il y a de forces engagées, plus la supériorité qui résulte d'une Pièce, en plus, se fait sentir.

En thèse générale, il vaut mieux être le premier à échanger, parce que l'on oblige ainsi l'adversaire à un coup pour ainsi dire forcé; néanmoins, il y a beaucoup de cas où il est préférable de laisser prendre pour arriver, en reprenant, à sortir une Pièce, ouvrir une colonne, dédoubler un Pion.

## ÉVITEZ LES ÉCHANGES

Quand votre Pièce ôte à l'adversaire l'usage de quelques-unes des siennes ;

Quand il s'agit d'échanger une Pièce de votre côté qui est déjà en jeu, contre une Pièce adverse qui n'est pas encore sortie, car c'est peut-être faire gagner de l'avance à l'adversaire;

Quand vous pouvez mieux employer un temps, soit pour sortir vos Pièces, soit pour une attaque ou une défense.

Avant de commencer l'échange, calculez-en bien le résultat. Ainsi, si vous attaquez un point avec trois Pièces, et que ce point soit défendu par trois Pièces de même valeur, vous commencez, je suppose, à échanger le premier; c'est l'adversaire qui prendra le dernier et qui restera ainsi maître du poste.

Pour échanger avec intelligence, il faut connaître la valeur relative des Pièces, ainsi que leur valeur de position; ce dernier point est le plus difficile à apprécier.

L'étude des parties des forts joueurs vous sera d'une grande utilité.

# SECTION VII

## PRINCIPES POUR BIEN JOUER

*Mettre en jeu le plus grand nombre de Pièces dans le plus petit nombre de coups :*

voilà toute la science des Débuts.

Aux Échecs, il faut entendre par *principes* des vérités générales fondées sur la constitution même du jeu.

Il faut donc admettre comme des principes les généralités suivantes :

« Il faut sortir ses Pièces de bonne heure et de la
« manière la plus avantageuse, soit pour l'attaque, soit
« pour la défense ; il faut éviter de les placer de ma-
« nière qu'elles se nuisent les unes aux autres ; il faut
« tendre à les porter vers le centre de l'Échiquier, où
« elles ont le plus de puissance ; il faut unir ses Pions
« et chercher à diviser ceux de l'ennemi et à gagner des
« temps. »

L'ignorance des principes ne peut être compensée ni par les ressources de l'imagination, ni par l'habitude d'une longue pratique.

Rien ne peut réparer l'inobservance des règles, disait La Bourdonnais.

Une des conditions les plus indispensables de progrès rapide, c'est l'étude analytique et méthodique des Débuts tels que nous les donnerons dans notre *Traité théorique et pratique* et dans nos *Premières leçons*.

Apprenez à bien commencer, si vous voulez bien finir, disait La Bourdonnais à quiconque lui demandait conseil. Les premiers coups mal joués entraînent logiquement la perte de la partie.

Accoutumez-vous à vous rendre compte de chaque coup; on oublie facilement ce qui n'est que mécanisme ou routine; on ne se souvient dans la pratique que de ce qui est devenu clair par le raisonnement.

Le Début est terminé, généralement parlant, quand toutes les Pièces sont sorties à la meilleure case, que les Tours sont en communication ou peuvent s'y mettre facilement, et que le trait ne présente plus qu'un avantage à peu près imperceptible.

N'acceptez pas un Gambit si vous n'en connaissez pas la défense.

Quand vous étudiez une partie, cherchez à vous rendre compte de tous les coups et à trouver vous-même les coups justes.

Rien n'est important, dit La Bourdonnais, comme de cacher son plan à l'adversaire; ne vous trahissez donc pas par des attaques trop manifestes.

Jouez quelquefois des coups à double destination, afin d'amener le désordre dans les dispositions de l'adversaire.

Pour triompher du Roi adverse, sacrifiez tout, s'il le faut : Pièces, Pions et la Dame même.

Ne laissez jamais vos Pièces sans défense, comme des sentinelles perdues, dans le jeu de l'adversaire.

Prenez garde quand votre adversaire vous offrira une Pièce ou un Pion; souvent c'est pour en prendre une meilleure ou pour se débarrasser de la direction d'une pièce ou pour se dégager.

Dirigez toujours vos opérations vers le centre de l'Échiquier, mais d'une manière *progressive* et toujours *raisonnée*.

Ne cédez jamais à l'adversaire les ouvertures de votre jeu.

Opposez vos Pièces à ses Pièces ; la Dame à la Dame, les Fous aux Fous et les Tours aux Tours.

Empêchez, gênez de tout votre pouvoir les mouvements de l'adversaire, surtout par le jeu des Pions.

N'abandonnez jamais une partie qu'en présence d'une perte évidente.

## PRÉCAUTIONS A PRENDRE AVANT CHAQUE COUP

Avant de toucher la Pièce que vous allez jouer, *n'oubliez jamais* aucune des précautions suivantes :

1° Voyez la position de votre Roi pour l'attaque et la défense ;

2° Examinez chacune de vos Pièces dans l'ordre suivant : la Dame, les Tours, les Fous, les Cavaliers et les Pions ;

3° Examinez la force de chacune des Pièces par rapport à la position qu'elles ont sur l'échiquier ;

4° Considérez, avant de déplacer une Pièce, le vide qu'elle peut laisser dans votre jeu ;

5° Voyez ce qui peut résulter du jeu de la Pièce à la case de destination, avant de la toucher.

Combien de parties perdues par l'oubli d'une seule de ces précautions à un seul coup de la partie !

Pour n'omettre *jamais* aucune de ces précautions, ayez-les bien gravées dans votre mémoire, et appliquez-les toutes les fois que vous devrez jouer un coup en suivant l'ordre où elles viennent d'être exposées.

# TABLEAU COMPARATIF

DE

## L'AVANTAGE DU TRAIT

—

### DÉBUTS (25)

Parties gagnées par les joueurs.

|  | 1er joueur. | 2e joueur. | Nulle. |
|---|---|---|---|
| Débuts des deux Fous. | 12 | 1 | 4 |
| Gambit Muzio. | 17 | 2 | 1 |
| Gambit Evans. | 59 | 22 | 8 |
| Gambit Lopez. | 5 | 2 | 1 |
| Gambit du Cavalier. | 24 | 10 | 3 |
| Gambit Écossais. | 40 | 17 | 4 |
| Défense Russe. | 24 | 12 | 3 |
| Gambit de la Dame. | 6 | 3 | 4 |
| Contre-Gambit du Centre. | 5 | 3 | 3 |
| Début du PFD. dans le Cavalier. | 10 | 6 | 0 |
| Défense Ruy Lopez. | 36 | 24 | 9 |
| Début du Cavalier de la Dame. | 10 | 7 | 1 |
| Gambit Allgaier. | 19 | 15 | 5 |
| Gambit du Centre. | 10 | 8 | 0 |
| Giuoco Piano. | 25 | 25 | 6 |
| Défense des deux Cavaliers. | 8 | 8 | 0 |
| Débuts Irréguliers. | 52 | 56 | 26 |
| Gambit du Roi Refusé. | 7 | 8 | 7 |
| Fianchetto. | 7 | 8 | 2 |
| Défense Sicilienne. | 47 | 54 | 16 |
| *A reporter.* | 423 | 291 | 103 |

|  | 1er joueur. | 2e joueur. | Nulle. |
|---|---|---|---|
| *Report.* | 423 | 291 | 103 |
| Défense Française. | 24 | 32 | 8 |
| Défense Philidor. | 21 | 31 | 16 |
| Gambit de la Dame Refusé. | 7 | 11 | 4 |
| Défense Viennoise. | 5 | 8 | 0 |
| Gambit du Fou. | 15 | 24 | 6 |
| *Total des Parties* (1.029). | 495 | 397 | 137 |

Dans le but de savoir s'il est avantageux de jouer le premier coup, M. W. Gibbons, du Club d'Échecs de Manchester, a dréssé le tableau ci-dessus, dans lequel il a classé les résultats de 1.029 parties jouées sur vingt-cniq différents Débuts par des notabilités, en dónnant le relevé des parties gagnées par le premier joueur, de celles gagnées par le second joueur et de celles qui ont été nulles.

Les résultats de ce tableau s'accordent à peu près exactement avec ceux des Analyses respectives et tendent à prouver que, dans les *Débuts ouverts*, le joueur qui a le trait a un avantage positif sur son adversaire, tandis que, dans les *Débuts fermés*, cet avantage est neutralisé quand il ne passe pas entièrement de l'autre côté.

# TABLEAU DES SIGNES ALGÉBRIQUES

| ! | signifie | Bon coup. |
|---|---|---|
| ? | » | Coup faible. |
| † | » | Échec. |
| †† | » | Échec double. |
| †+ | » | Échec à la découverte. |
| †× | » | Échec et mat. |
| × | » | Prend. |
| + | » | En passant. |
| ×+ | » | Meilleur jeu. |
| +× | » | Mauvais jeu. |
| = | » | La partie est égale. |
| Roq. TR. | » | Roque avec la TR. |
| Roq. TD. | » | Roque avec la TD. |
| **P. 4. R.** | » | Ce caractère indique le coup constitutif du Début. |

$$\text{Blancs.} \quad 1. \frac{\text{P. 4. R.}}{\text{P. 4. R.}} \quad 2. \frac{\text{C. 3. FR.}}{\text{C. 3. FD.}} \quad 3. \frac{\text{F. 4. FD.}}{\text{F. 4. FD.}}$$
$$\text{Noirs.}$$

Les coups des Blancs se trouvent toujours placés sur la ligne.

Les coups des Noirs se trouvent toujours placés sous la ligne.

# TABLE DES MATIÈRES

—

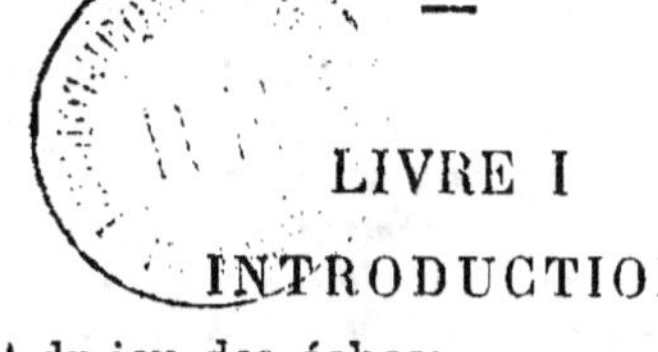

## LIVRE I

## INTRODUCTION



### SECTION I

#### MÉCANISME DU JEU



### SECTION II

#### DE LA MARCHE DES PIÈCES ET DES PIONS

## SECTION IV

### ÉTUDES SUR LES PIÈCES ET LES PIONS



## SECTION V

### DE LA VALEUR DES TEMPS



## SECTION VI

### DE L'ATTAQUE, DE LA DÉFENSE ET DE L'ÉCHANGE



## SECTION VII

### PRINCIPES POUR BIEN JOUER



Typ. Rouge frères et Cie, rue du Four-Saint-Germain, 43.

# ANALYSE DU JEU DES ÉCHECS
## Par A. D. PHILIDOR

Édition augmentée d'une biographie, d'un Recueil de soixante-huit parties jouées par Philidor en Angleterre, suivie d'une bibliographie chronologique, et illustrée d'un portrait.

### Par C. SANSON
**Un volume in-18. Prix : 5 francs.**

Ces deux ouvrages sont publiés par MM. Garnier frères, éditeurs, rue des Saints-Pères, 6, à Paris.

---

## LIVRE POUR APPRENDRE A JOUER
### AU
# JEU DES ÉCHECS
## Par DAMIANO

TRADUCTION NOUVELLE AUGMENTÉE DE NOTES
DE VARIANTES ET ILLUSTRÉE DE QUATRE-VINGT-DIX DIAGRAMMES

### Par C. SANSON
**Un volume in-18. Prix : 2 francs.**

---

# L'ÉCHIQUIER
## JOURNAL DES ÉCHECS
### PARAISSANT LE 1er DE CHAQUE MOIS
#### PUBLIÉ
### PAR C. SANSON

Chaque numéro se compose d'une Chronique ou d'une Analyse d'un Début, de sept à neuf parties, de quatre Études sur les Fins de parties et de huit Problèmes avec les Solutions.

**Pour la France : un an, 8 fr.; six mois, 4 fr.**

UN NUMÉRO SÉPARÉ : 70 CENTIMES

Adresser le montant de la souscription à M. C. Sanson, rue de Pontoise, 7.

Paris. — Typ. Rouge frères et Comp., rue du Four-St-Germ., 43.